LOS SIETE CONTINENTES

Maria Koran

Ve a **www.openlightbox.com** e ingresa el código único de este libro.

CÓDIGO DEL LIBRO

AVZ22769

EYEDISCOVER te trae libros mejorados por multimedia que apoyan el aprendizaje activo.

Published by Lightbox Learning Inc.
276 5th Avenue, Suite 704 #917
New York, NY 10001
Website: www.openlightbox.com

Library of Congress Control Number: 2021950763

ISBN 978-1-7911-4399-2 (hardcover)

Printed in Guangzhou, China
1 2 3 4 5 6 7 8 9 0 25 24 23 22 21

122021
102521

English Editor: John Willis
Spanish Editor: Ana María Vidal
Designers: Mandy Christiansen and Ana María Vidal
Spanish/English Translator: Translation Services USA

Lightbox Learning Inc. acknowledges Alamy, Getty Images, iStock, and Shutterstock as the primary image suppliers for this title.

EYEDISCOVER proporciona contenido enriquecido, optimizado para el uso en tabletas, que complementa este libro. Los libros de EYEDISCOVER se esfuerzan por crear un aprendizaje inspirado e involucrar a las mentes jóvenes en una experiencia de aprendizaje total.

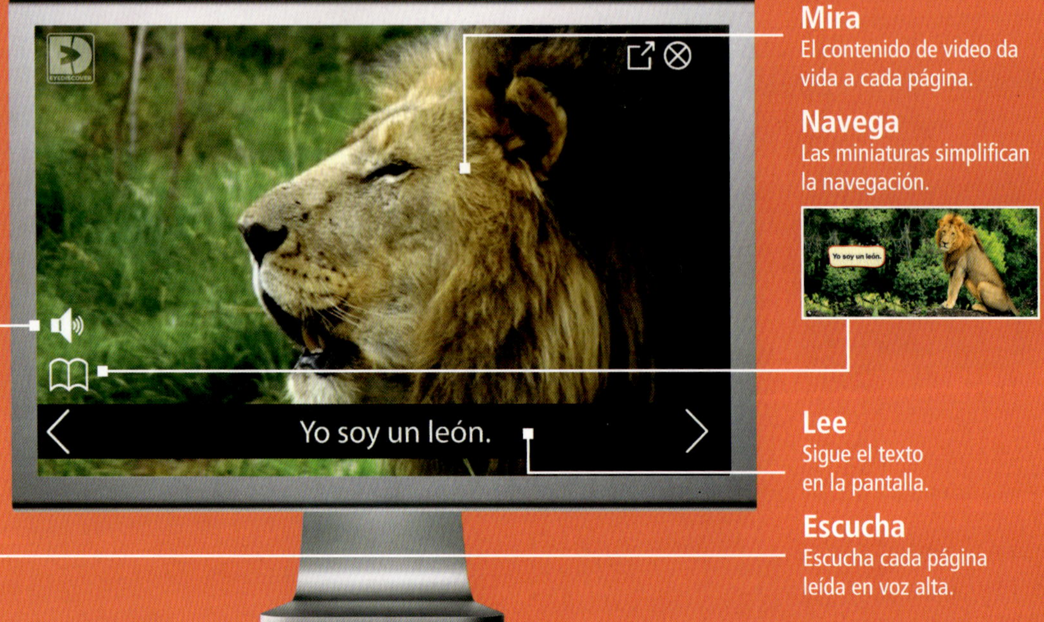

Tu EYEDISCOVER con Seguimiento de Lectura Óptico cobra vida con...

Audio
Escucha todo el libro leído en voz alta.

Video
Los videos de alta resolución convierten cada hoja en un seguimiento de lectura óptico.

OPTIMIZADO PARA
- TABLETAS
- PIZARRAS ELECTRÓNICAS
- COMPUTADORES
- ¡Y MUCHO MÁS!

LOS SIETE CONTINENTES

En este libro aprenderás

- cómo se llaman
- cuán grandes son
- quién vive en ellos

¡y mucho más!

Un continente es una gran superficie de tierra. Hay siete continentes en la Tierra.

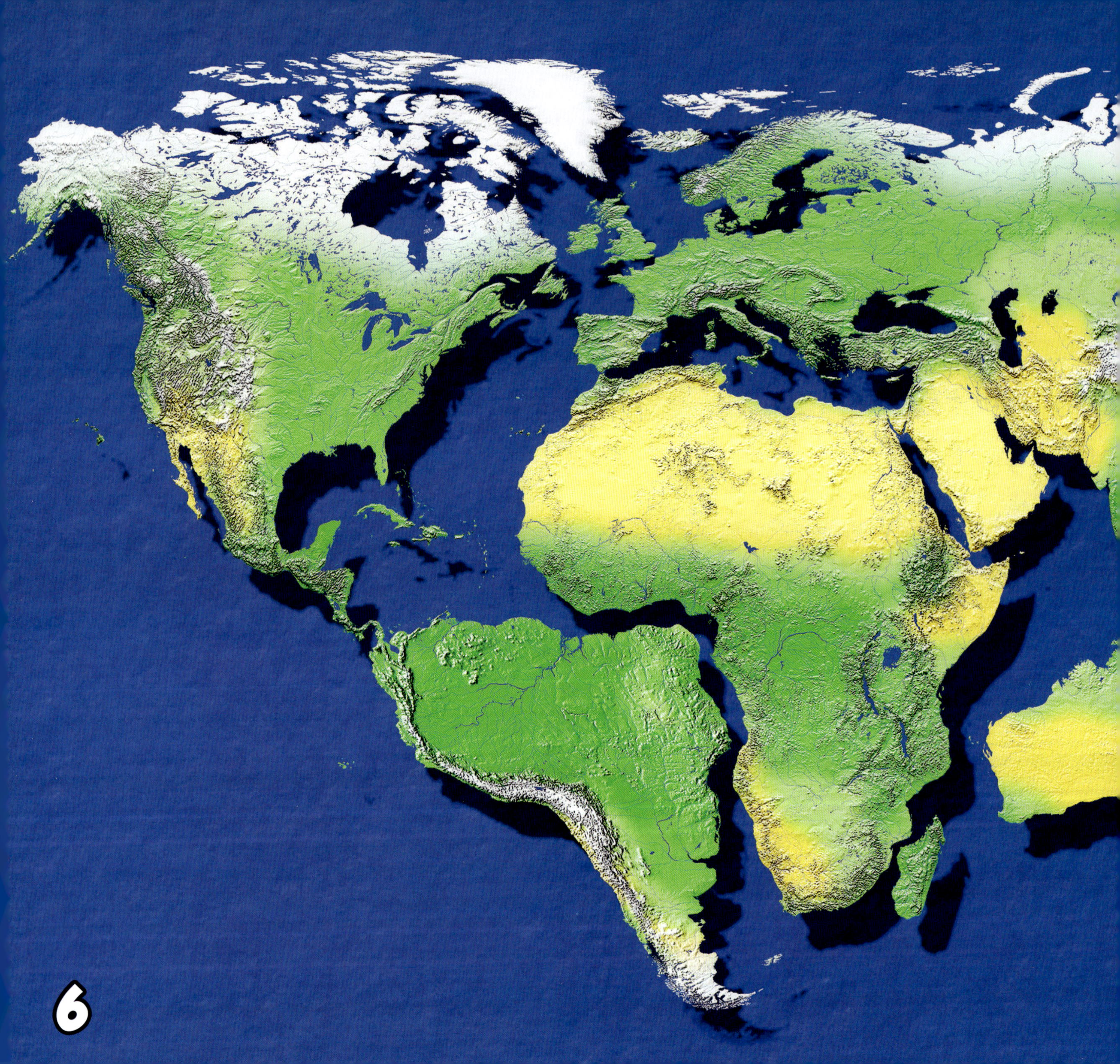

Se cree que los continentes alguna vez estuvieron unidos y se separaron hace millones de años.

África es el segundo continente más grande. La mayor parte de África está cubierta por desiertos y sabanas.

La Antártida es el continente más frío. Cubre todo el Polo Sur.

Asia es el continente más grande. Más de la mitad de la población de la Tierra vive en Asia.

パチンコ
エスパス日拓
カラオケ&パーティー館
ブランド高価買取
All-you-can-eat buffet for 2 hours
120分
しゃぶしゃぶ
"Shabu-Shabu"
食べ放題!
2,480yen
5F
コスパ
キャンパスコース
OKONOMI YAKI
とらそば
TORA SOBA
金の蔵
チカラめし
SUBNADE

Australia es el continente más pequeño. Muchos de los animales de Australia no se encuentran en ninguna otra parte del planeta.

Europa tiene muchos lugares conocidos. Gente de todas partes del mundo visita París, Londres, Roma y otras ciudades.

MetLife

Más de la mitad de la población de América del Norte vive en los Estados Unidos.

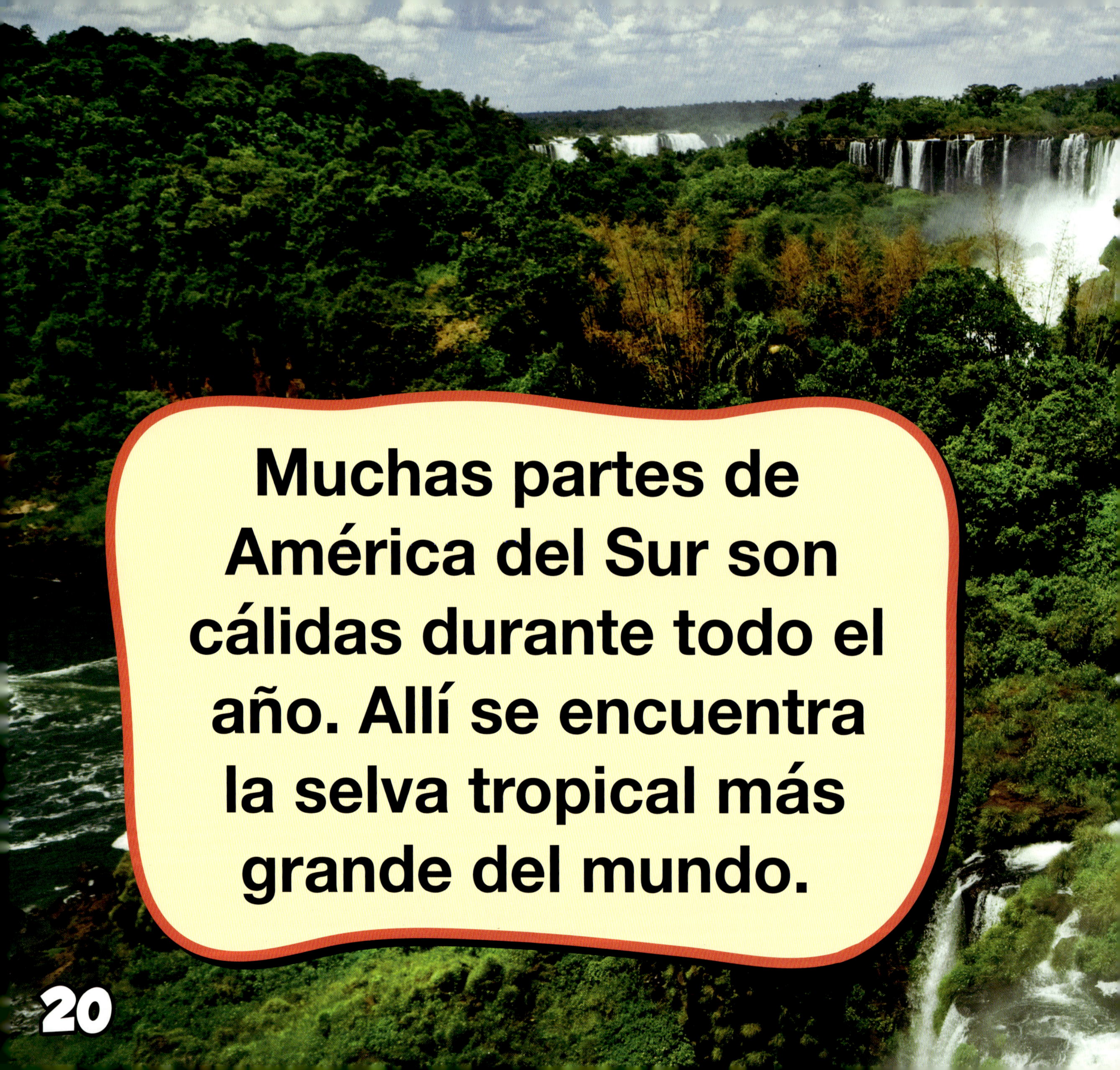

Muchas partes de América del Sur son cálidas durante todo el año. Allí se encuentra la selva tropical más grande del mundo.

LOS SIETE CONTINENTES EN NÚMEROS

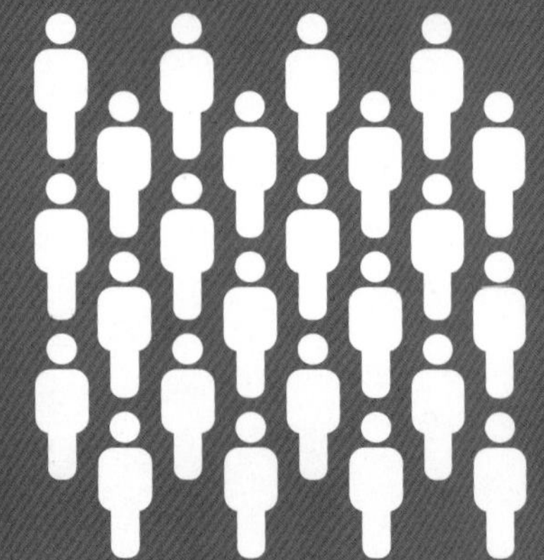

En **Asia** viven más de **4400 millones** de personas.

Casi el **8 por ciento** de la población terrestre **vive** en **América del Norte**.

Australia tiene un **solo país** y también se llama **Australia**.

América del Sur tiene **15 800** millas de **costa.** (25 428 kilómetros)

El país **más pequeño** del **mundo**, la **Ciudad del Vaticano**, está en Europa. Tiene cerca de **1000 habitantes.**

África está compuesto por **54** países **diferentes**, **más** que cualquier otro continente.

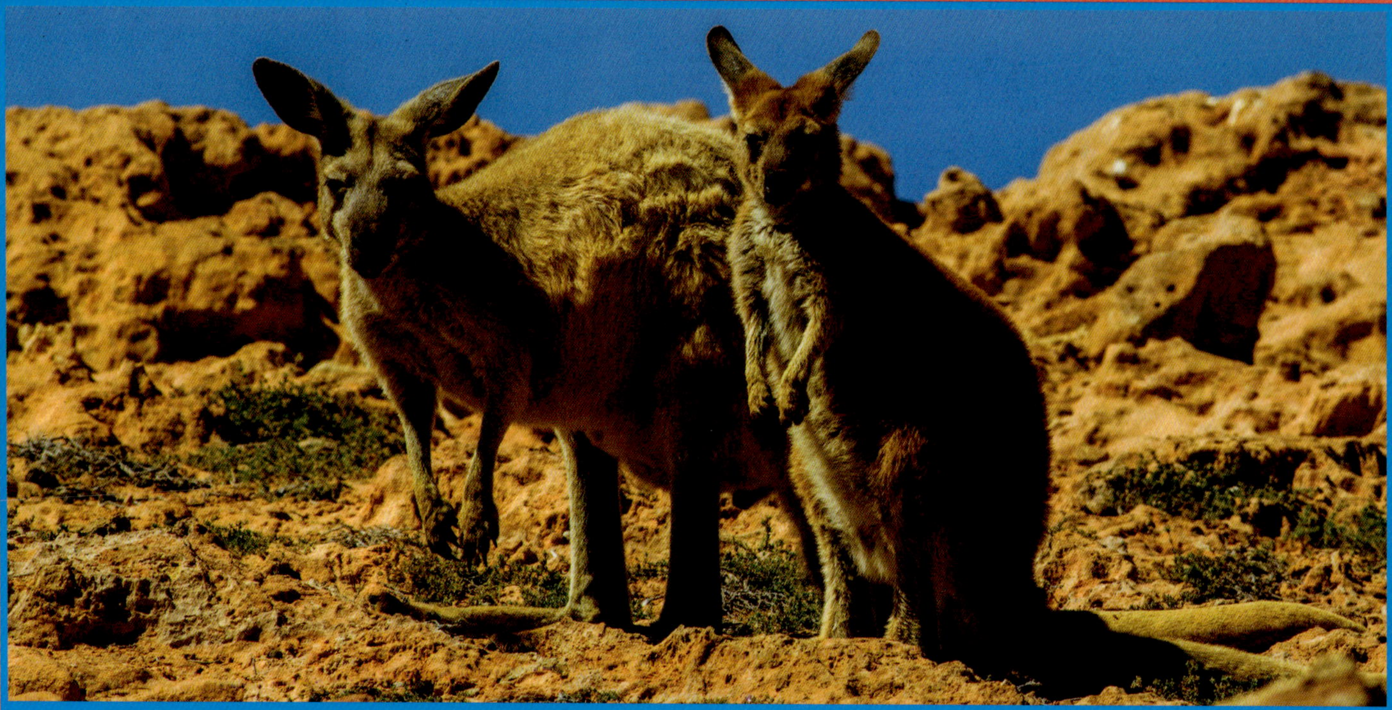

Mira
El contenido de video da vida a cada página.

Navega
Las miniaturas simplifican la navegación.

Lee
Sigue el texto en la pantalla.

Escucha
Escucha cada página leída en voz alta.

Ve a www.openlightbox.com e ingresa el código único de este libro.

CÓDIGO DEL LIBRO

AVZ22769